Ye

1319

ODE

SVR
LA NAISSANCE
DE MONSEIGNEVR
LE DAVFIN.

A PARIS,
Chez DENYS LANGLOIS,
au Mont S. Hilaire.

M. DC. LXI.
AVEC PERMISSION.

SVR LA NAISSANCE
DE MONSEIGNEVR
LE DAVFIN:
ODE.

*L*YRES, Hautbois, & Musettes,
Qu'on entende vos chansons:
Tambours, Clairons, & Trompettes,
Faites éclater vos sons.
Et toy Courriere à cent bouches,
Toy, qui des royales couches
Viens de voir l'heureuse fin;
Va sur tes ailes legeres
Apprendre aux deux hemispheres
Que nous auons vn DAVFIN.

Auant l'aimable journée,
Où nous est venu des Cieux,
Par vn auguste hymenée,
Ce doux charme de nos yeux :
Nostre juste impatience,
D'vne aueugle defiance
Suspendoit tous nos plaisirs ;
Et cette ardeur empressée
Auançoit de la pensée
Cét objet de nos desirs.

※

Il est vray que les miracles
Dont nos jours sont embellis,
Font qu'on ne voit plus d'obstacles
Au bonheur des Fleurs-de-Lis.
En LOVIS, à qui tout cede,
La France aujourd'huy possede
Tout ce qu'on peut esperer :
Et sans mensonge on peut dire
Que qui vit sous son Empire,
N'a plus rien à desirer.

Mais l'honneur du diademe
Veut qu'au delà de nos temps
Vn Fils, vn autre lui-mesme,
Rende ses bienfaits constants.
Sa Vertu, que rien n'efface,
N'est pas vn torrent qui passe,
Et laisse tarir son cours :
C'est vn grand, & large fleuve,
Dont il faut que l'onde abbreuve
Les peuples des derniers jours.

Aprés tant, & tant de marques
De cette noble fierté,
Dont il immoloit aux Parques
Ceux qui l'auoient irrité :
Ce Roy, lors qu'à sa puissance
Rien ne faisoit resistance,
Que l'excés de son grand cœur ;
Se fit, pour comble de gloire,
Vne nouvelle victoire
En cessant d'estre vainqueur.

Qu'ont jamais fait de semblable
Tous ces fameux Conquerants,
Dont l'acier fut redoutable
A cent peuples differents?
Au plus beau de sa carriere
Lui-mesme sert de barriere
A sa noble passion :
Il borne son avantage ;
Et fait à la Paix homage
De sa juste ambition.

Ce n'est pas l'indigne amorce
D'vne molle oisiveté,
Qui fait rallentir la force
De ce Courage indonté.
A ses guerriers exercices,
Dont il faisoit ses delices,
Succedent d'autres travaux ;
Qui paroissant plus tranquilles,
Sont pour luy plus difficiles,
Mais plus propres pour nos maux.

Ce grand HENRY, dont le Zele
Pour le bien de son Estat,
Sert de regle, & de modele
A ce jeune Potentat:
Appliqua son industrie
Au salut de sa Patrie,
Avec de semblables soins:
Et crût qu'entre ses merveilles
On devoit conter les veilles,
Qu'il donnoit à nos besoins.

Sa royale œconomie
Servoit à ses grands projets;
Et n'estoit pas ennemie
Du bonheur de ses Sujets.
Cette sublime Prudence,
Se joignant à sa Vaillance,
Fit tout le bien de son temps.
Mais ces maximes illustres,
Qu'il suivit aprés dix lustres,
LOVIS les suit à vingt ans.

On diroit qu'en ce Monarque
Son Ayeul une autre fois,
Malgré le coup de la Parque,
Tient le sceptre des François.
Par un semblable Genie
Sa vieillesse est rajeunie,
Comme fut celle d'Eson :
Et ses vertus si vantées,
En LOVIS ressuscitées,
Sont en leur verte saison.

Plus ce Prince incomparable,
S'élevant sur tous les Rois,
Par sa conduite admirable
Fait qu'on adore ses Loix :
Plus nostre ardeur est ravie
Que cette éclante vie,
De qui les jours triomphants
Ont estonné tout le monde;
En miracles si feconde,
Le soit encore en Enfants.

Graces à la Providence,
Qui pour la Posterité
Asseure la ioüissance
De nostre prosperité :
Nous voyons déja reluire
Vn Astre, qui doit conduire
Les destins de nos neveux ;
Par qui les races futures
Auront part aux avantures
Dont le Ciel comble nos vœux.

De nostre Mars indontable,
Nous voyons dans ce beau jour,
En cét Enfant adorable,
Naistre vn veritable Amour.
C'est par luy seul que l'Europe
Du trouble qui l'envelope
Débroüillera le Chaos ;
Et pour jamais reünie,
Entretiendra l'harmonie
Qui doit faire son repos.

Noires Sœurs, fatales pestes,
Qui causez tous nos tourments;
Et dont les flambeaux funestes
On fait tant d'embrasements:
Allés, Megeres crueles,
Qui de nos vieilles quereles
Rallumiez le souvenir:
Laissés-nous en asseurance,
De nostre jeune Esperance
Gouster le bel avenir.

❦

Comme à l'instant que l'Aurore
Fait briller son œil riant,
Et de ses roses colore
Les rivages d'Orient:
Cette agreable peinture
Du bel Oeil de la Nature
Qui nous cachoit sa clarté;
En dissipant les nüages
Par qui regnoient les ombrages,
Rend aux objets leur beauté.

Ainsi dés que la lumiere
Du vif Portrait de LOVIS,
A de sa douceur premiere
Ravy nos yeux éblouïs :
Tous nos doutes s'éclaircissent ;
Nos soupçons s'évanoüissent ;
Nous goustons nos bons destins :
Et dans nos réjoüissances,
Par tout on ne voit que danses,
Que pompes, & que festins.

Mais quand le grand Luminaire,
Qui nous dispense le temps,
Suivant sa route ordinaire
Marquera deux fois sept ans :
Allors ce Cœur magnanime,
Qui fuira, comme un grand crime,
L'appas d'un lasche loisir ;
Espris de la belle gloire,
A quelque haute victoire
Elevera son desir.

B ij

Sa Vertu, meure avant l'âge,
Achevera promtement
Le penible apprentissage
De l'art du Gouvernement :
LOVIS, sous ses grands auspices
Le formant aux Exercices
Qui font la gloire des Rois;
Voudra qu'au bout de la terre
Ce nouveau Foudre de guerre
Face admirer ses exploits.

Assés des armes du Pere
Le Pô redouta les coups :
Assés l'Escaut, & l'Ibere
Se sentent de son courroux.
Le Fils, qu'un beau sort appelle
A combattre l'Infidele
Sous cét invincible Mars;
Pour vanger tous nos outrages,
Ira loin de nos rivages,
Soûtenir ses estendards.

Par ce grand Roy, dans Byzance;
Dans Solyme, par son Fils,
S'éclipsera la puissance
Des Othomans déconfits.
Par leur bras juste & severe,
L'Alcoran, qu'on y revere,
Verra détruire ses loix:
Et ses Lunes renversées
Sur leurs pointes abbaissées
Verront triompher la Croix.

Quand la Grece, & l'Idumée
Sous eux trembleront d'effroy;
Quand leur haute renommée
Effacera Godefroy:
LOVIS, rendant à la France
Les douceurs, que sa presence
En tous lieux aura produit;
Viendra, plein de nouveaux charmes,
De ses triomphantes armes
Avec nous gouster le fruit.

Dans l'éclat qui l'accompagne,
Tous les Peuples d'alentour
A ce nouveau Charles-magne
Se soûmettront par amour.
Et tandis que jusqu'au Tage
Il reprendra l'heritage
Du grand Empire Latin:
Son Fils, du rivage More,
Iusqu'aux portes de l'Aurore
Poussera son beau destin.

※

C'est peu que son nom éclate
Par ses faits victorieux,
Sur le Nil, & sur l'Euphrate,
Où passerent ses Ayeux.
Il faut qu'à ses loix il range
Les flots de l'Inde, & du Gange;
Et marche d'vn pas hardy
Iusqu'aux sources incertaines
De toutes ces Eaux lointaines
Du Levant, & du Midy.

Grand Dieu ! fais que nos augures
Soient moindres que ses hauts faits,
Que ses Conquestes futures
Passent mesme nos souhaits :
Et que l'effort de mon Zele,
Qui pour LOVIS me rappelle
Dans un penible sentier ;
De mon Roy traçant l'Histoire,
Guide au sommet de la gloire
Les pas de son Heritier.

     DOVjAT
     P. & H. L. D. S. M.

www.ingramcontent.com/pod-product-compliance
Lightning Source LLC
Chambersburg PA
CBHW061613040426
42450CB00010B/2469